L E S M ... U S S E

L ... .NS
F ... ÇAISES
dans votre poche

LAROUSSE

21, rue du Montparnasse 75283 Paris Cedex 06

Brûler ce que l'on a adoré

L'expression signifie « renoncer à ses opinions au profit d'autres complètement opposées ». Selon la légende, le roi franc Clovis, en mauvaise situation sur le champ de bataille de Tolbiac, face aux Alamans, après avoir prié tous ses dieux païens, se serait résolu à implorer celui de son épouse, la chrétienne burgonde Clotilde. Ayant obtenu le gain de la bataille, il aurait décidé de se faire baptiser avec nombre de ses guerriers. Lumières, ors, hymnes, encens, rien ne manquait à la cérémonie ; ébloui, le Barbare aurait demandé à l'évêque Remi, qui officiait : « Est-ce là le royaume de Dieu promis ? — Non, aurait répondu le saint homme, c'est le chemin qui y conduit », ajoutant : « Courbe-toi, fier Sicambre, adore ce que tu as brûlé et brûle ce que tu as adoré. »

Les affaires sont les affaires

Apparue en 1856 dans une pièce de Théodore Barrière et Ernest Capendu *(les Faux Bonshommes)*, l'expression, appliquée à un mariage d'argent, fut ainsi mise à la mode. Reprise comme titre d'une de ses pièces par Octave Mirbeau, en 1903, elle s'appliqua alors au cas d'un magnat de la presse qui, bien qu'ayant appris le jour même le départ de sa fille et la mort de son fils, resta assez vigilant pour démasquer deux associés indélicats. Le critique Roland Barthes voyait dans ce genre d'affirmation tautologique « la menace d'un ordre où l'on ne pense pas, [où] au nom d'un prétendu bon sens, [on] coupe court aux arguties des intellectuels », qui étouffent le monde d'érudition et de raisonnements. La tautologie dispense en effet de réfléchir ou de se justifier. Elle impose l'affirmation d'une position par la force et non par le raisonnement.

L'âne de Buridan

Une fable attribuée sans doute à tort au philosophe scolastique du XIVe siècle Jean Buridan – qui fut en outre recteur de l'université de Paris – met en scène un âne qui se laisse mourir de soif et de faim entre un boisseau d'avoine et un seau d'eau, faute de pouvoir choisir par où commencer : se désaltérer ou se rassasier.

Buridan aurait, dit-on, voulu ainsi prouver par l'absurde que, dans la pratique, le choix se fait toujours, même entre deux biens d'égale valeur.

L'expression est communément utilisée pour dépeindre la situation de quelqu'un qui, sollicité de deux côtés à la fois, ne sait à quoi se résoudre.

Bon appétit, messieurs !

Victor Hugo met cet hémistiche dans la bouche de Ruy Blas, le héros de sa pièce éponyme. Celui-ci, laquais de don Salluste, grand d'Espagne disgracié, est devenu Premier ministre de la reine Marie par une ruse de son maître, qui cherche à se venger. Esprit noble et généreux, il veut régénérer l'Espagne et malmène durement les ministres qui pillent le pays. Il les tance notamment dans une tirade célèbre commençant par ces trois mots. La reine, dont il est amoureux, est touchée par tant de grandeur et lui avoue son amour ; Ruy Blas alors « marche vivant dans son rêve étoilé ». C'est par cette apostrophe qu'on stigmatise de nos jours ceux qui, requins de la politique ou de la finance, se réunissent et s'entendent pour « se partager le gâteau ».

Point d'argent, point de Suisse !

L'adage de Petit Jean (*les Plaideurs,* Racine) reprend avec un sens familier (*Suisse* signifiant ici « portier ») une formule datant peut-être du règne de François Ier, alors que les mercenaires suisses, faute d'être payés, abandonnèrent le service du roi. La citation s'emploie pour dire « pas de service sans rétribution ». Brassens a détourné la formule dans sa chanson *Grand-père,* qui relate que, l'aïeul étant mort, ses descendants veulent organiser un enterrement à la hauteur de leur affection, mais, sans argent, sont reçus « les bras fermés » chez les croque-morts ou le curé : « Chez l'épicier, pas d'argent, pas d'épices / Chez la belle Suzon, pas d'argent, pas de cuisse / Les morts de basse condition / C'est pas de ma juridiction », leur est-il répondu. Les cupides sont finalement punis d'un coup de pied bien placé ; le proverbe est sauf : *l'argent est un bon serviteur et un mauvais maître.*

Arriver comme les carabiniers

À l'instar d'*arriver à la fumée des cierges* (c'est-à-dire quand l'office religieux vient juste de finir et que les cierges fument encore, venant d'être coiffés par l'éteignoir), l'expression signifie « arriver en retard ». Elle est tirée d'une opérette intitulée *les Brigands* (musique d'Offenbach), dans laquelle une patrouille de carabiniers traverse plusieurs fois la scène en chantant : « Nous sommes les carabiniers, / La sécurité des foyers ; / Mais, par un malheureux hasard, / Au secours des particuliers, / Nous arrivons toujours trop tard. »

L'expression « manquer le coche » se rapproche de celle-ci en y ajoutant l'idée du ratage d'une occasion favorable. Un peu comme Léo Ferré, chantant *Vingt Ans* comme l'âge où l'on prend le bonheur « toujours en retard ».

La croix et la bannière

Dans la France féodale, la *bannière* était l'enseigne d'un *ban*, c'est-à-dire de l'ensemble des vassaux convoqués par un suzerain pour le servir à la guerre. Il arrivait parfois que celui-ci, outre le ban, ait besoin d'appeler l'*arrière-ban*, formé par les *arrière-vassaux*, ou *vavasseurs*.

À côté des hommes de guerre aux ordres des seigneurs, les milices des communes marchaient sous la bannière paroissiale, c'est-à-dire la *croix*. D'où l'expression *c'est la croix et la bannière*, qui signifiait à l'origine qu'on avait mis en œuvre tous les moyens de la guerre. La formule a perdu aujourd'hui ses caractères militaire et religieux pour indiquer plus ironiquement qu'il y a beaucoup de difficultés à surmonter.

Beaucoup de bruit pour rien

Titre français d'une comédie de Shakespeare (*Much Ado About Nothing*, 1598), l'expression, devenue proverbiale, s'emploie lorsqu'on a donné beaucoup d'importance et de retentissement à une chose finalement insignifiante.

La formule est très prisée des journalistes à qui elle permet de dénoncer, par cette pirouette schizophrénique, le bruit qu'ils ont eux-mêmes fait autour de tel ou tel événement tout au long des articles ou journaux télévisés précédents.

Mais, pour citer à nouveau Shakespeare, la vie n'est-elle pas cette « histoire pleine de bruit et de fureur, racontée par un idiot, et qui ne signifie rien » (*Macbeth*) ?

Renvoyer aux calendes grecques

Les Romains avaient donné le nom de *calendes* au premier jour de chaque mois. C'est ce jour-là que l'on devait payer les intérêts des dettes inscrites dans les registres de comptes appelés *calendaria* (de *calendae*, « calendes »), en français *calendriers*. Les Grecs n'ayant pas de calendes, on disait *payer aux calendes grecques* pour « ne pas payer du tout ».

Renvoyer quelque chose aux calendes grecques, c'est remettre à une date qui n'arrivera jamais, aussi fantaisiste que la Saint-Glinglin, aussi hypothétique que le jour où les poules auront des dents.

Les chiens aboient, la caravane passe

Ce proverbe arabe signifie qu'il faut continuer sur la voie qu'on s'est tracée, sans se préoccuper de ce que disent les gens, ici assimilés péjorativement à des chiens hargneux, serviles, lâches, envieux, en un mot méprisables.

Ceux qui répugneraient à calomnier ainsi le meilleur ami de l'homme choisiront plutôt le crapaud, dont la bave, comme chacun sait, n'atteint pas la blanche colombe, qui a donc la sagesse de s'en tenir à *bien faire et laisser dire*.

La cinquième roue du carrosse

Contrairement aux apparences, le mot *carrosse* n'a aucune parenté avec le *carré* ou le *carreau*, dérivés du latin *quadratus, quadrus,* eux-mêmes dérivés de *quattuor,* qui signifie « quatre ».

Carrosse vient du latin *carrus,* lui-même emprunté au gaulois avec le sens de *char*. Rien à voir avec « quatre ». Et pourtant le carrosse est par définition une voiture à quatre roues. Une cinquième roue ne lui servirait donc pas à grand-chose. D'où l'expression *la cinquième roue du carrosse,* qui désigne une personne qui est ou qui se sent inutile.

On notera toutefois qu'une cinquième roue (de secours) peut se révéler précieuse pour éviter que nos carrosses modernes ne se transforment en citrouilles.

Se réduire comme une peau de chagrin

Le chagrin (du turc *çâgri*) est un cuir grenu fait de peau d'âne, de chèvre, etc., et utilisé en reliure. Au XVIIIe siècle, *avoir une peau de chagrin* signifiait « avoir la peau rugueuse ». Mais *la Peau de chagrin* est aussi un roman très sombre de Balzac (1831). Raphaël, le héros, ruiné et acculé au suicide, rencontre un antiquaire qui lui offre une pièce de cuir, une « peau de chagrin ». Ce talisman a le pouvoir d'exaucer tous les souhaits mais se rétrécit à chaque désir assouvi, raccourcissant en outre d'autant la vie de celui qui le possède. L'expression *comme une peau de chagrin* s'emploie pour qualifier une chose qui diminue de plus en plus. La confusion possible avec le *chagrin* homonyme rend ce rétrécissement particulièrement attristant, surtout quand ce sont les libertés, le pouvoir d'achat ou la couche d'ozone qui se réduisent ainsi.

Mettre la charrue avant les bœufs

Même si le tracteur a définitivement remplacé les bœufs pour tirer la charrue, l'image reste parlante : *mettre la charrue avant* (ou *devant*) *les bœufs*, c'est commencer par la fin, par où l'on aurait dû terminer, c'est en quelque sorte faire les choses à l'envers.

La vraie question est de savoir s'il vaut mieux dire *avant* ou *devant*. Alors qu'autrefois c'est la tournure avec *devant* qui était privilégiée, il semble qu'aujourd'hui on dise plus volontiers *avant*. Rappelons que *avant* exprime à la fois l'antériorité spatiale et l'antériorité temporelle, alors que *devant* se rapporte uniquement à l'espace. On peut donc sans commettre d'erreur employer l'une ou l'autre préposition.

Avoir les yeux de Chimène

Lorsque, en 1637, Corneille fit représenter *le Cid*, l'accueil fut triomphal. Ce qui n'empêcha pas – à moins qu'au contraire cela y contribuât – les « doctes » de déclencher la querelle du *Cid*, au motif que l'auteur ne respectait ni les règles classiques, ni la bienséance, ni la morale.

La toute jeune Académie française dut prendre position et condamna la pièce. Mais le public, indifférent aux critiques, continua de se presser aux représentations. C'est à ces événements que fait allusion Boileau dans sa *Satire IX* : « En vain contre *le Cid* un ministre se ligue ; / Tout Paris pour Chimène a les yeux de Rodrigue. » Par une curieuse inversion, ce sont les « yeux de Chimène », et non ceux de Rodrigue, qui sont passés dans l'usage pour dire la passion qui aveugle.

Cœur d'or, de pierre ou d'artichaut

Considéré autrefois ou dans d'autres cultures comme le siège de la conscience morale, de l'intelligence (d'où l'expression *apprendre par cœur*), du courage ou de la mémoire, ce muscle creux est devenu en Occident le symbole de la sensibilité et le siège des sentiments. C'est cette acception du mot *cœur* qui est à l'œuvre dans de nombreuses expressions.

Ainsi on peut avoir un *cœur de pierre, de marbre* ou *d'airain,* aussi dur et froid que le minéral. Mais toutes les matières ne sont pas aussi insensibles : le *cœur d'or* brille par sa générosité et son dévouement. On n'en dira pas autant du *cœur d'artichaut,* qui, s'il sait se montrer généreux – une feuille pour tout le monde –, est par trop inconstant.

Avoir le compas dans l'œil

Si l'origine du compas semble remonter au peuple chinois, c'est à Michel-Ange qu'on attribue le premier usage de l'expression *avoir le compas dans l'œil*, qui signifie qu'on sait apprécier les mesures, les distances, les proportions avec une grande exactitude. Cette précision fait toute la différence avec l'autre organe de perception, beaucoup plus approximatif, qu'est le nez.

L'évaluation que l'on fait *à vue de nez*, ou *au pif*, n'est jamais très rigoureuse. Les choses seraient sans doute différentes si l'on pouvait avoir le compas dans le nez. Ce qui, soit dit en passant, ne serait guère plus gênant que de l'avoir dans l'œil.

Faire les quatre cents coups

L'expression signifie « se livrer à toutes sortes de frasques ». La tradition dit qu'en 1621 Louis XIII aurait fait tirer 400 coups de canon pour impressionner – en vain – les assiégés de Montauban, cité protestante. Cette débauche d'artillerie serait à l'origine de l'expression qui est apparue en réalité au début du XIXe siècle, soit bien longtemps après le siège de Montauban.

Et le nombre de coups a varié avec le temps : on a dit *faire les cent coups*, ou *les cent dix-neuf coups*, ou encore *les quatre cent dix-neuf coups*. Certains sont même allés jusqu'à *cinq cent dix-neuf*. Si le compteur semble s'être durablement arrêté à *quatre cents*, on peut penser que Truffaut et ses *Quatre Cents Coups* (1959), après le poème *les Quatre sans cou* de Desnos (1934), n'y sont pas totalement étrangers.

Rien ne sert de courir, il faut partir à point

C'est par cette morale que s'ouvre la célèbre fable de La Fontaine, « le Lièvre et la Tortue » (VI, 10). Frappée au coin du bon sens, la formule devenue proverbiale s'emploie pour signifier qu'un effort lent mais constant vaut mieux qu'une action précipitée au dernier moment.

Rappelons l'histoire : la tortue met au défi le lièvre d'atteindre le but avant elle. Tandis que le lièvre, sûr de sa victoire, baguenaude en chemin, « elle se hâte avec lenteur » et arrive la première.

La leçon vaut pour tous ceux qui aiment travailler dans l'urgence, préférant au « train de sénateur » de la tortue le sprint autrement plus chargé d'adrénaline du lièvre.

Coûter les yeux de la tête

L'expression date du début du XIXe siècle et signifie « coûter très cher ». La redondance – de quelle partie du corps en effet pourraient venir ces yeux, si ce n'est de la tête ? – rend les dépenses ainsi définies encore plus astronomiques.

Les Anglais, qui tiennent peut-être moins que nous à *la prunelle de leurs yeux*, disent *to cost an arm and a leg*, c'est-à-dire « coûter un bras et une jambe ».

Plus récemment, la langue française a trouvé un nouvel étalon pour mesurer le prix des choses : *la peau des fesses*. Plus familier, mais tout aussi cher.

Tant va la cruche à l'eau

Ce proverbe, dont la seconde partie est *qu'à la fin elle se brise* (ou *se casse*), remonte au XIIIe siècle. Il signifie que tout finit par s'user à force d'être utilisé. Le célèbre slogan publicitaire *ne s'use que si l'on s'en sert* s'en fera un peu l'écho. La cruche étant par définition un récipient destiné à contenir des liquides, il paraît normal qu'elle aille à l'eau. Et, si à la longue elle se casse, on peut s'en désoler, mais ce sont les risques du métier de cruche !

C'est sans doute à sa sagesse un peu timorée – et aussi à l'autre sens du mot *cruche* – que ce proverbe doit d'avoir été souvent détourné. Ainsi par Beaumarchais, dans *le Mariage de Figaro* (I, 11) : « Tant va la cruche à l'eau […] qu'à la fin elle s'emplit. » Ou par Jules Renard : « […] qu'à la fin elle se casse. »

Qui paie ses dettes s'enrichit

Quand on sait que les proverbes sont censés refléter la sagesse populaire, celui-ci a de quoi surprendre par sa chute paradoxale. Il eût été plus pertinent de décréter, par exemple, que *qui paie ses dettes est honnête*.

Peut-être faut-il entendre cet enrichissement promis dans un sens purement métaphorique ; celui qui paie ses dettes gagnerait non pas de l'argent, mais la liberté, en référence au proverbe biblique : « Celui qui emprunte est l'esclave de celui qui prête » (Livre des Proverbes, XXII, 7). On peut aussi y voir le complément logique de cet autre proverbe bien connu : « On ne prête qu'aux riches. » Il peut enfin s'agir du slogan d'une société de crédit. Les surendettés – individus ou pays – apprécieront le conseil.

Au diable vauvert

La locution aurait pour origine le château de Vauvert, bâti au XIe siècle par le roi Robert II le Pieux sur l'emplacement de l'actuel jardin du Luxembourg. C'était à l'époque une vallée verdoyante plantée de vignes – d'où le nom *Vauvert*, de *Val vert* –, située en dehors des murs de Paris. À la mort de Robert le Pieux, qui avait été excommunié par le pape, le château fut abandonné et devint un lieu maudit, repaire de brigands, de mendiants et d'ivrognes. On crut alors que le diable avait pris possession du lieu. C'est ainsi que serait née l'expression, devenue dans l'usage familier, au grand dam de certains puristes, *au diable (au) vert*. Mais qu'on habite au diable, au diable vauvert ou au diable vert, le sens reste le même : c'est diablement (et non diaboliquement) loin.

Ce que dit le petit doigt

L'astrologie traditionnelle fait du *petit doigt* le doigt de Mercure, le messager des dieux, représentant l'intuition. Certains voient dans l'expression *mon petit doigt me l'a dit* une allusion à cette symbolique, mais l'explication est sans doute plus simple, le petit doigt étant d'abord connu pour être le doigt de l'oreille – d'où son nom, *auriculaire* –, en raison de l'adéquation de sa forme à celle du conduit auditif.

De là à imaginer qu'il nous chuchote des secrets à l'oreille (voire qu'il nous y mette la puce), il n'y a qu'un pas, surtout pour un enfant.

C'est également à sa petite taille qu'il doit de symboliser le moindre effort, celui qu'on se refuse à faire lorsqu'on décide de *ne pas bouger* ou *remuer le petit doigt*.

Qui dort dîne

Les hypothèses divergent sur l'origine de ce proverbe. Certains y voient la forme condensée d'une pensée de Ménandre, un poète comique grec du IVe siècle av. J.-C. : « Le sommeil nourrit celui qui n'a pas de quoi manger. »

D'autres le rattachent à l'avertissement placardé sur le mur des auberges d'autrefois, signalant au voyageur qu'il devait dîner sur place s'il voulait une chambre.

Quelle que soit l'explication de ce dicton, la signification qu'on lui prête le plus souvent – à savoir qu'un bon somme remplacerait un bon repas – ne repose sur aucune base scientifique. Le sommeil répare, mais il ne nourrit pas. Il permet juste, dans le meilleur des cas, d'oublier qu'on a faim.

Dans le doute, abstiens-toi

Ce dicton populaire bien connu, qui semble prôner l'abstentionnisme, ou l'abstinence, ou vanter le principe de précaution, est attribué à Zoroastre (Zarathoustra), fondateur du zoroastrisme, une des grandes religions de l'Iran antique.

Il s'agit en fait d'un précepte moral, cité en ces termes par Voltaire dans son *Dictionnaire philosophique* : « Dans le doute, si une action est bonne ou mauvaise, abstiens-toi. » L'usage qu'on fait aujourd'hui de ce dicton n'a plus grand-chose à voir avec le combat cosmique entre le Bien et le Mal, qui constituait le fondement de la doctrine zoroastrienne.

Qui trop embrasse mal étreint

On pourrait penser que ce proverbe, éloge imagé de la modération, s'applique en priorité au domaine sentimental, voire sensuel. Mais il remonte au XVe siècle ; or ce n'est qu'au XVIIe que le verbe *embrasser* a pris le sens de « donner un baiser ».

Jusqu'à cette date, il signifiait « prendre dans ses bras » et, au figuré, « vouloir entreprendre ». Ce n'est donc pas celui qui donne trop de baisers qui s'expose au fiasco, mais celui qui entreprend trop de choses à la fois. Qu'elle soit amoureuse ou « entrepreneuriale », cette prudence n'était pas du goût d'Albert Camus, qui écrivait dans *l'Envers et l'Endroit* : « Mais il n'y a pas de limites pour aimer et que m'importe de mal étreindre si je peux tout embrasser. »

Avoir l'estomac dans les talons

Si le sens de l'expression est connu – « avoir très faim » –, son origine en revanche reste obscure. L'image échappe à toute réalité physiologique. Certes la ptôse gastrique est une pathologie que l'on observe parfois, notamment chez les sujets très maigres, mais en aucun cas l'estomac, même désespérément vide, ne peut descendre jusqu'aux pieds. Le problème réside peut-être dans la formulation de l'expression : sachant qu'on peut être *talonné* par la faim, ne devrait-on pas plutôt dire, en filant la métaphore, *avoir les talons dans l'estomac*, et faire le parallèle avec les éperons d'un cavalier qui talonnent les flancs de sa monture ? Mais qu'importent la logique et l'anatomie : l'estomac des affamés est pour longtemps encore logé dans leurs talons. Un bon steak de cheval pourrait-il y remédier en leur mettant « l'étalon dans l'estomac », comme le suggère Raymond Queneau ?

Avoir deux fers au feu

À la différence des deux lièvres qu'il est fortement déconseillé de courir à la fois, ces deux fers-là sont de bon augure, l'un pouvant se substituer à l'autre en cas de défaillance. Par une inflation métaphorique dont la langue est coutumière, on peut même pousser la prévoyance jusqu'à en *avoir plusieurs au feu*.

Rappelons que ces fers n'ont rien à voir avec ceux qu'on met en œuvre quand on *fait feu des quatre fers* : il s'agit là de fers à cheval, qui font jaillir des étincelles lorsque le cheval démarre au galop ; ceux qu'on garde au feu sont les anciens fers à repasser en fonte que l'on faisait chauffer sur une source de chaleur.

Fontaine, je ne boirai pas de ton eau

À ceux qui, pour une raison mystérieuse, pourraient être tentés d'apostropher ainsi une fontaine, le proverbe oppose un interdit formel : *Il ne faut pas dire*.

Rappelons que c'est Cervantès qui, le premier, dans *Don Quichotte*, énonça ce fameux principe de précaution. Proche du *Il ne faut jurer de rien* dont Musset s'inspira, cette injonction repose sans doute sur le principe pragmatique selon lequel il n'y a que les imbéciles qui ne changent pas d'avis (auquel il ne faut pas ajouter « je l'ai toujours pensé », car c'est alors qu'on passe pour en être un !).

Le proverbe souligne que ce ne sont pas les déclarations péremptoires qui empêchent les revirements d'opinion et retournements de veste.

C'est en forgeant qu'on devient forgeron

Ce proverbe, qui affirme la supériorité de la pratique sur la théorie, est une traduction littérale du latin médiéval *fit fabricando faber*, *faber* signifiant « artisan » et, dans un sens spécialisé, « ouvrier qui travaille le fer ».

C'est d'ailleurs de *faber*, par l'intermédiaire de *fabrica*, que vient le mot *forge*. La justesse de la formule n'a pas échappé à Pierre Dac, qui remarquait qu'« il est plutôt rare, en effet, qu'en forgeant un forgeron devienne petit télégraphiste ou mannequin de haute couture ».

Sa tournure expressive a valu à ce proverbe de nombreuses déclinaisons, parmi lesquelles on retiendra celle du même Pierre Dac : « C'est en sciant que Léonard devint scie. »

Déshabiller Pierre pour habiller Paul

Le proverbe bien sûr déconseille cette pratique qui consiste à prendre à l'un pour donner à l'autre. La solution choisie par saint Martin, l'apôtre des Gaules, pour généreuse qu'elle soit, ne donne pas entièrement satisfaction : il a partagé en deux son manteau pour en donner la moitié à un mendiant qui tremblait de froid. L'un et l'autre étaient donc à moitié habillés, et à moitié déshabillés.

Mais qu'on se rassure : le Pierre du proverbe, même tout nu, ne risque pas la fluxion de poitrine. Une version antérieure précisait : *Déshabiller* (ou *décoiffer*) *saint Pierre pour habiller* (ou *coiffer*) *saint Paul*. Il s'agit en fait de statues de saints qu'on avait l'habitude autrefois de vêtir lors des fêtes patronales.

Une hirondelle ne fait pas le printemps

Emprunté à Aristote *(Éthique à Nicomaque)*, ce célèbre proverbe met en garde contre les généralisations hâtives et l'excès d'optimisme. Si dans le domaine intellectuel la remarque est fondée, il n'en va pas de même sur un plan ornithologique.

Rappelons que l'hirondelle est un oiseau migrateur qui revient en mars ou avril dans les régions tempérées pour nicher et se reproduire. Elle ne fait peut-être pas le printemps, mais elle en est « la messagère », comme disait Rémy Belleau, membre de la Pléiade et ami de Ronsard. Et son départ, à coup sûr, signe la fin des beaux jours : « Le temps emporte sur son aile / Et le printemps et l'hirondelle, / Et la vie et les jours perdus » (Musset, « À Juana »).

Sage comme une image d'Épinal

Destinée à un public rural en grande partie illettré, l'imagerie populaire est née au XVe siècle, mais c'est sous Napoléon qu'elle prend une nouvelle dimension et devient un puissant véhicule idéologique auprès des masses. Les imprimeries d'Épinal, et particulièrement celle de Jean-Charles Pellerin, fondée en 1796, connaissent alors un essor considérable en inondant la France de gravures à la gloire de l'Empereur et de l'armée. Au tableau unique à motif religieux ou didactique succèdent les planches coloriées qui évoquent dans un style naïf des événements historiques ou légendaires, des contes, des chansons. Si l'image d'Épinal n'a pas résisté au développement de la photo et du cinéma, elle reste toujours actuelle comme symbole d'une représentation simpliste et idéalisée du monde.

Si tu ne vas pas à Lagardère, Lagardère viendra à toi

On emploie cette expression pour marquer la détermination avec laquelle on mènera jusqu'au bout un projet. Le héros de la pièce *le Bossu*, de Paul Féval, le chevalier de Lagardère, fine lame, était venu au secours de Philippe de Nevers, attaqué par des hommes de Gonzague. Nevers tué, Lagardère jura alors de le venger, blessa Gonzague à la main pour le reconnaître en lui disant cette phrase.

La formule avait été inspirée à l'écrivain par l'épisode de la montagne de Mahomet : un jour, le Prophète appela la montagne, qui lui faisait face, comme pour la faire venir. N'obtenant pas de réponse, il dit : « Eh bien ! montagne, puisque tu ne veux pas venir à Mahomet, Mahomet ira à toi. » Tout le peuple, impressionné par son ton inspiré, le suivit.

Il y a loin de la coupe aux lèvres

Le proverbe trouverait son origine dans la mythologie grecque. Ancée, un fils de Lycurgue, après des vendanges favorables, s'apprêtait à boire une coupe de vin quand un sanglier furieux s'élança vers lui et le renversa. Ancée trouva la mort avant d'avoir vidé sa coupe.

Pour sa part, Homère, dans *l'Odyssée*, raconte qu'Ulysse décocha une flèche mortelle à Antinoos, le chef des prétendants de Pénélope, au moment où celui-ci portait une coupe à ses lèvres. Il ne servirait donc à rien de se réjouir, ou de saliver, à l'avance.

Rappelons toutefois que cette distance qui sépare la coupe des lèvres constitue l'essence même du désir : ce plaisir qu'on anticipe et qui fait venir l'eau à la bouche. N'en déplaise aux proverbes rabat-joies !

La part du lion

L'expression est tirée d'une fable d'Ésope, dont s'inspira le fabuliste latin Phèdre, qui lui-même fut imité par La Fontaine. D'une fable à l'autre, les protagonistes varient, mais l'histoire est toujours la même : le lion s'étant associé à d'autres animaux au cours d'une chasse, il s'adjuge finalement toutes les parts du butin au nom du droit du plus fort. Si la conclusion est juste, la démonstration l'est moins : les animaux choisis par La Fontaine sont une génisse, une chèvre et une brebis. On peut donc s'étonner, comme Chamfort en son temps, que le lion ait besoin d'eux pour chasser, vu qu'ils sont eux-mêmes le gibier qu'il cherche. Quant au butin à partager, il s'agit d'un cerf, dont on se demande en quoi il peut intéresser des herbivores. On sait, hélas, que c'est bien souvent les plus forts qui se taillent la part du lion.

Le petit bout de la lorgnette

Contrairement à ce que certains pensent, *regarder par le petit bout de la lorgnette* constitue l'usage normal de cette lunette d'approche. Si on la tient à l'envers, c'est-à-dire le gros bout devant l'œil, le champ de vision s'élargit et tout devient minuscule. Pourtant, c'est la vision grossissante, conforme à ce qu'on est en droit d'attendre d'une lorgnette, qui est stigmatisée dans le langage figuré. Avant de désigner un instrument d'optique, la lorgnette était au XVIIe siècle une petite ouverture pratiquée dans un éventail pour permettre aux dames de regarder sans être vues, de *lorgner* en toute discrétion. À la différence de la lunette, cette lorgnette-là, n'étant qu'un trou, n'avait ni gros bout ni petit bout. Quant aux lorgnons, c'est au bout (quel qu'en soit le volume) du nez qu'on peut les placer.

L'appétit vient en mangeant

Ce proverbe médiéval apparaît en littérature dans les propos de buveurs que Rabelais égrène à la naissance de Gargantua. La suite est moins connue, mais tout aussi percutante : *« La soif s'en va en buvant. »*

Si Gargantua était effectivement un gros mangeur, l'appétit dont il est question ici a moins à voir avec la faim, besoin organique qui, comme la soif, est facile à satisfaire, qu'avec le désir, premier sens du mot *appétit*.

Sensible à sa connotation érotique, Victor Hugo n'hésita pas à transformer le proverbe en : *« L'appétit vient en mangeant, l'amour en possédant. »*

Tirer les marrons du feu

Jean de La Fontaine nous narre dans l'une de ses fables qu'un jour un singe et un chat, ayant vu rôtir des marrons, entreprennent de les voler. Mais le singe, Bertrand, assurant qu'il n'a point la dextérité voulue pour les tirer du feu, c'est le chat, Raton, qui s'y emploie et parvient à force d'opiniâtreté à les ôter des braises pour son compère, qui les croque les uns après les autres.

L'expression *Tirer les marrons du feu* se réfère au point de vue du félin qui se donne bien de la peine pour obtenir ce qui profite finalement à un autre, et non pas, comme on le croit souvent par erreur, à celui du singe, qui sait habilement utiliser quelqu'un à son profit en lui faisant prendre des risques qu'il ne veut prendre lui-même.

A beau mentir qui vient de loin

Le sens du proverbe est clair, même si la locution employée – *avoir beau* – n'a pas la signification concessive qu'on lui connaît aujourd'hui, à savoir « faire en vain (quelque chose) ». *Avoir beau* est à prendre ici au sens ancien de « n'avoir aucune difficulté à », qu'on retrouve dans l'expression *avoir beau jeu de* : il est donc facile de mentir lorsque ce que l'on dit ne peut être vérifié.

Pour être cru, mieux vaut s'éloigner de chez soi, comme le confirme un autre proverbe : « Nul n'est prophète en son pays. »

À ceux que ces aphorismes agacent, expressions de vérités prétendument incontestables, il reste bien sûr la liberté de « faire mentir le proverbe ».

La nuit, tous les minets ne sont pas gris

Contrairement à ce que suggérait Littré au XIXe siècle, *minet* n'est pas un diminutif du mot *mine*, même si l'animal est réputé « faire des mines ». Le mot, qui date du XVIe siècle, est en fait formé sur le radical onomatopéique *mi-*, qui évoque le cri du chat *(miaou, miauler)*. Depuis la fin du XVIIe siècle, *minet* s'est appliqué métaphoriquement, avec une nuance péjorative, à un jeune homme fin, coquet, aux allures affectées. Moins félin que minaudier, ce minet-là pourrait justifier l'étymologie fantaisiste de Littré. De nos jours, si le minet reste un brin maniéré, voire efféminé, la minette, quant à elle, est juste une très jolie jeune fille. Dans la langue populaire, l'un et l'autre ont suivi le sémantisme érotique du chat et de la chatte.

Qui se sent morveux se mouche

C'est Molière dans *l'Avare* qui a popularisé ce proverbe. Rappelons le contexte : La Flèche, le valet d'Harpagon, excédé par les soupçons de son maître, murmure en aparté : « La peste soit de l'avarice et des avaricieux ! » Harpagon, qui l'a entendu, le somme de s'expliquer. « Je ne nomme personne », se défausse La Flèche, avant d'énoncer son fameux proverbe : « Qui se sent morveux, qu'il se mouche. »

Même si l'on n'a aucune indulgence pour Harpagon, on notera que la formule est utilisée par tous ceux qui, à l'instar de La Flèche, pratiquent l'insinuation sournoise ou l'allusion hypocrite plutôt que l'attaque frontale.

Partir, c'est mourir un peu

Le vers est célèbre, mais c'est le seul que la postérité ait retenu de son auteur, Edmond Haraucourt, et de son poème, « Rondel de l'adieu » (*Seul*, 1891). Il faut dire que lui-même reconnaissait, dans un autre poème du même recueil, que « Les plus beaux vers sont ceux qu'on n'écrira jamais ».

Au-delà de ses qualités intrinsèques, ce vers doit son succès aux nombreux détournements et développements qu'il a inspirés.

À titre d'exemple, on citera la contrepèterie de Jacques Prévert : « Martyr, c'est pourrir un peu. »

Ou encore la suite qu'avait imaginée Alphonse Allais : « [...] mais mourir, c'est partir beaucoup ».

Pierre qui roule n'amasse pas mousse

Au sens propre, ce proverbe est incontestable : les cailloux qui ne bougent pas, en forêt ou ailleurs, ont tendance à se couvrir de mousse.

Au sens figuré en revanche, l'adage semble moins pertinent et, surtout, peu exaltant : pour s'enrichir, il faut rester chez soi, *amasser mousse* signifiant ici « accumuler des biens, des richesses ». On peut se demander comment on est passé de ce végétal sans racines ni fleurs qu'est la mousse à l'idée de richesse, attestée dès le XVe siècle dans la locution *ne jamais cueillir mousse*, « ne jamais devenir riche ».

Quant aux pierres qui roulent, on notera que certaines, à force de rouler, réussissent quand même à amasser mousse, surtout si elles sont anglaises, et qu'elles font du rock and roll.

La fin justifie les moyens

On attribue généralement cette célèbre formule à Machiavel. Même si elle ne figure nulle part dans *le Prince*, elle est censée résumer sa doctrine, qui subordonne la morale à la raison d'État.

On ne dissertera pas ici sur la pertinence ou le cynisme de cet adage : des générations de candidats au bac ont planché sur cette question (la fin justifie-t-elle les moyens ?), devenue un des sujets de philosophie les plus rebattus.

Dans un registre plus trivial, un autre proverbe dit à peu près la même chose : « On ne fait pas d'omelette sans casser des œufs » (la faim justifierait-elle là les moyens ?). Dans une langue plus diplomatique, on fera usage de l'euphémisme des « dommages collatéraux ».

Nécessité fait loi

Avant de se fixer sous cette forme, le proverbe a connu plusieurs variantes : « Nécessité n'a pas de loi », disait-on notamment au XIIe siècle.

Finalement, la tournure négative a été abandonnée au profit de la formulation actuelle, faisant passer la nécessité du statut de hors-la-loi à celui de législateur.

Statut paradoxal puisque cette loi que fait la nécessité dispense précisément de respecter la loi.

Mais la nécessité permet aussi, si l'on en croit la sagesse populaire, d'éprouver les qualités et les mérites de chacun, tant en matière d'ingéniosité – on la dit « mère d'industrie » ou « d'invention » – que dans le domaine moral – il suffit de « faire de nécessité vertu ».

Avoir les pieds nickelés

L'expression, qui date de 1894 et signifiait à l'origine « refuser d'agir, être paresseux », a été popularisée par la série de bande dessinée des *Pieds nickelés*, créée en 1908 par Louis Forton. Il ne semble pas qu'il y ait quelque rapport que ce soit avec le nickel, même si l'on imagine bien qu'avoir les pieds recouverts de ce métal rende pénible le moindre déplacement.

Il s'agirait selon certains d'une déformation du terme dialectal *niclé*, « noué et malformé ». Aujourd'hui, on qualifie de *pieds nickelés* des individus peu recommandables dont les combines ridicules ou les équipées minables tombent le plus souvent à l'eau. À la différence de Croquignol, Ribouldingue et Filochard, ceux-là manquent singulièrement de panache.

L'occasion fait le larron

Traduit du latin médiéval – *Occasio facit furem* –, ce proverbe défend une idée somme toute assez progressiste : on n'est pas larron de naissance, on le devient au gré des circonstances, qui se révèlent en l'occurrence très atténuantes.

Ainsi exonéré de sa responsabilité, le larron peut en toute impunité commettre ses larcins ; sa seule faute est sa faiblesse, qui ne lui permet pas de résister à la tentation. C'est sans doute cet angélisme en matière de délinquance qui a conduit certains à inverser la formule : « Le larron fait l'occasion. » On peut aussi choisir une interprétation plus proche du *carpe diem* : il faut saisir l'occasion quand elle se présente. Car, comme le rappelle un autre proverbe : « Le toit de l'enfer est fait d'occasions perdues. »

L'argent n'a pas d'odeur

On connaît ce proverbe pour son sens métaphorique : l'argent mal acquis ne garde pas la trace de sa provenance malhonnête. Mais, à l'origine, l'odeur en question est à prendre au sens propre. L'empereur romain Vespasien, qui régna de 69 à 79 apr. J.-C., entreprit de nombreuses réformes, notamment dans le domaine des finances, où il multiplia les taxes nouvelles.

C'est ainsi qu'il créa un impôt sur l'urine, qui était utilisée alors par les teinturiers comme source d'ammoniac – il a d'ailleurs donné son nom aux *vespasiennes*. Suétone rapporte, dans ses *Vies des douze Césars*, que, son fils Titus lui ayant reproché cette mesure, Vespasien répondit, en mettant sous son nez l'argent collecté : *Pecunia non olet* (« L'argent n'a pas d'odeur »).

Voir la paille dans l'œil de son voisin

Et ne pas voir la poutre qui est dans le sien. Cette expression bien connue fait référence à une parabole des Évangiles de Luc et de Matthieu. On notera avec un certain étonnement que cette formule s'emploie à chaque fois qu'on veut stigmatiser l'hypocrisie ou l'aveuglement d'une tierce personne (un voisin ?), en aucun cas de soi-même. Il est vrai qu'une poutre dans l'œil ne rend pas particulièrement clairvoyant.

Alphonse Allais quant à lui avait trouvé un usage original de ces deux matériaux : « Pour vivre heureux, il faut coucher sur la paille que l'on voit dans l'œil de son voisin, et se chauffer avec la poutre qu'on a dans le sien. »

Parbleu !

Le terme de *parbleu* (« par Dieu ») appartient à un ensemble de jurons, usuels dans la langue parlée au Moyen Âge et au XVIe s., où, pour éviter leur caractère blasphématoire, le nom de *Dieu* est remplacé par *bleu*, comme dans *corbleu* (« par le corps de Dieu »), *jarnibleu* (« je renie Dieu »), *morbleu* (« par la mort de Dieu »), *palsambleu* (« par le sang de Dieu »), *sacrebleu* (« par le sacre de Dieu »), *vertubleu*, *tubleu* (« par la vertu de Dieu »), et parfois par d'autres finales (*mordienne*, *morguienne*, *palsanguienne*, *capedediou*, *vertuchou* ou *sacristi*, *sapristi*, *saperlotte*, *saperlipopette*).

Ces jurons, qui ont pris une tonalité populaire dans les comédies du XVIIe-XVIIIe s. et dans les romans populaires du XIXe s., sont, pour une grande partie, sortis de l'usage.

Passer sous les fourches Caudines

Au IVe siècle av. J.-C., des guerres sanglantes opposèrent les Romains aux Samnites pour la conquête de la Campanie. En 321 av. J.-C., les Romains lancèrent une expédition en territoire samnite, mais ils tombèrent dans un traquenard. Bloquée dans un étroit défilé appelé les *fourches Caudines*, aux environs de Caudium (aujourd'hui Montesarchio), l'armée romaine dut se rendre et passer, en signe de soumission, sous le « joug », assemblage de lances et de javelots dressé par les Samnites.

Cette défaite cuisante est devenue la métaphore de toutes les capitulations ou concessions humiliantes qu'on est contraint d'accepter – moins pour sauver sa vie, comme les Romains, que par pragmatisme : couleuvres avalées et autres chapeaux mangés.

Montrer patte blanche

L'expression a été popularisée par la fable de La Fontaine, « le Loup, la Chèvre et le Chevreau » (IV, 15). La chèvre, ayant dû quitter sa maison, recommande au chevreau de n'ouvrir qu'à celui qui lui donnera ce mot de passe : « Foin du loup et de sa race » – on notera à ce propos que les injures racistes ne datent pas d'hier. Le loup, qui passait par là, entend la formule magique et, contrefaisant sa voix, demande qu'on lui ouvre. « Montrez-moi patte blanche, ou je n'ouvrirai point », lui rétorque le chevreau, méfiant et astucieux – car chacun sait que les pattes des loups sont très rarement blanches (même si le *loup blanc* est connu de tout le monde !). Curieusement, l'expression *montrer patte blanche* évoque moins de nos jours le chevreau prudent que le videur de boîte de nuit ou le banquier intraitable.

Piquer des deux

P*iquer des deux*, c'est comme *faire feu des quatre fers*, c'est aller très vite, comme un cheval au galop. Les deux expressions renvoient d'ailleurs au même registre équestre.

À l'origine, on *pique des deux* lorsqu'on éperonne son cheval des deux talons pour qu'il parte au galop – les quatre fers quant à eux sont les fers d'un cheval qui font des étincelles sur le pavé quand il démarre en trombe.

On peut aussi choisir, plus athlétiquement, de *piquer un sprint* ou *un cent mètres*, à moins qu'on ne préfère au contraire *piquer du nez, un somme* ou *un roupillon*.

Pleurer comme une Madeleine

L'Évangile selon saint Luc relate l'histoire de Marie de Magdala (plus tard nommée Marie Madeleine). Cette ancienne prostituée, ayant appris que Jésus se trouvait à Magdala, se présenta à lui et se mit à ses pieds, les arrosant de ses larmes et de parfums, tout en les séchant avec ses cheveux tandis qu'elle lui confessait ses fautes. Prenant en compte son repentir, Jésus lui remit ses péchés et Marie la pécheresse devint une de ses plus fidèles disciples. En référence à cette anecdote, une « Madeleine », ou une « Marie Madeleine », désigne une ancienne prostituée et « madelonnette » était le nom porté par des religieuses dont la congrégation, fondée au XIIIe s., était destinée à recueillir les filles repenties. On dit aussi familièrement d'une personne qu'elle « pleure comme une Madeleine » lorsque l'on trouve que ses pleurs sont (trop ?) abondants.

Il pleut comme à Gravelotte

Petit village de Moselle, près de Metz, Gravelotte ne jouit sans doute pas d'un climat particulièrement sec. Mais ce n'est pas pour des raisons météorologiques qu'il est devenu la référence absolue en matière de pluie battante ou, plus largement, de tout ce qui tombe en abondance, comme les coups, les injures ou autres événements le plus souvent indésirables – on dit aussi *tomber comme à Gravelotte*.

L'expression fait référence à une bataille sanglante de la guerre franco-allemande, appelée aussi « bataille de Saint-Privat » (16 et 18 août 1870), qui se termina par la défaite des Français.

Ce qui tomba à Gravelotte ces deux jours, ce n'est pas la pluie, mais les balles et les obus – et les morts des deux côtés.

Avoir un poil dans la main

L'expression apparaît au début du XIXe siècle, Littré dira un peu plus tard *avoir du poil dans la main*. Mais qu'il s'agisse d'un poil ou de plusieurs, l'image reste obscure. Certains ont expliqué que l'oisiveté, c'est-à-dire le fait de ne rien faire de ses mains, permettrait au poil de pousser dans la paume.

Quoique plaisante, l'idée ne tient pas physiologiquement : quoi que l'on fasse, ou que l'on ne fasse pas, la paume reste aussi irrémédiablement glabre qu'un œuf. On peut aussi voir dans cette pilosité incongrue la trace d'une malformation congénitale qui rendrait tout effort insupportable. Difficile à croire, surtout si l'on songe à celui qui a le cœur sur la main et qui pourtant ne ménage pas sa peine, malgré son handicap autrement plus gênant qu'un poil.

Il faut qu'une porte soit ouverte ou fermée

C'est Musset qui a rendu célèbre ce proverbe en le prenant pour titre d'une de ses comédies (1845). Mais c'est dans une pièce de 1691, *le Grondeur*, de Brueys et Palaprat, qu'il est attesté pour la première fois. Quel que soit le contexte, la métaphore est claire : il faut choisir, dans un sens ou dans l'autre. Peu importe le parti que l'on prend, l'important est de prendre parti. Mais l'image de la porte complique un peu le message. Qu'elle soit ouverte ou fermée n'est pas indifférent, à la différence du bonnet blanc et du blanc bonnet. Il s'agit là de choisir entre la liberté de circuler d'une part, l'enfermement ou l'exclusion d'autre part. La question, elle, reste ouverte.

Le pot de terre et le pot de fer

Si La Fontaine a donné à la fable des deux pots sa forme actuelle (V, 2), on trouvait déjà, chez Ésope *(les Pots)* ou dans l'Ecclésiastique (XIII, 2-3), cette allégorie sur l'inutile combat qu'on mène contre plus fort que soi. Mais là où le fabuliste grec et le texte biblique stigmatisaient la rapacité ou l'injustice des puissants, La Fontaine se contente de mettre en garde : « Ne nous associons qu'avecque nos égaux, / Ou bien il nous faudra craindre / Le destin d'un de ces pots », conclut-il. Ceux qui souhaiteraient une morale moins timorée, qui encouragerait la lutte plutôt que de la réprouver, préféreront sans nul doute l'histoire de David et Goliath, où le plus faible vient à bout du plus fort.

Tel est pris qui croyait prendre

C'est à La Fontaine que l'on doit ce proverbe bien connu, que l'on cite pour commenter le destin de celui qui, finalement, subit le mal qu'il voulait faire à autrui. Alors que certains ont vu dans l'huître, collée à son rocher, le symbole de l'obstination dans l'erreur (« Il n'y a que les huîtres et les sots qui adhèrent », disait Paul Valéry), La Fontaine en fait, dans « le Rat et l'Huître » (*Fables*, VIII, 9) l'emblème du piège : le rat de la fable, désireux de connaître le monde, tombe un jour sur une huître qui bâille au soleil. Alléché, il s'approche et s'apprête à faire bonne chère, quand le sournois mollusque se referme soudainement sur lui. « Tel est pris qui croyait prendre », conclut le fabuliste, offrant ainsi au pauvre animal, que sans scrupule on dévore vivant, l'occasion d'une belle revanche sur le destin.

On ne prête quaux riches

« Et on a bien raison, car les pauvres remboursent difficilement », complétait Tristan Bernard. En prenant le proverbe dans son sens littéral, il en soulignait le caractère apparemment absurde : ceux qui peuvent rembourser n'ont en principe pas besoin d'emprunter. Et pourtant l'adage correspond aujourd'hui à une réalité économique. Pour des raisons notamment fiscales, il est souvent moins intéressant d'acheter comptant que de prendre un crédit. Mieux vaut dans ce cas être solvable – riche.

Mais le proverbe s'entend surtout dans son sens figuré : on prête volontiers des défauts, des qualités, des actes à ceux qui en sont coutumiers. Beaucoup de bons mots, réels ou apocryphes, sont ainsi attribués à Tristan Bernard.

Nul n'est prophète en son pays

Dans son sens le plus courant, ce proverbe dit qu'on ne peut pas être reconnu à sa juste valeur dans le pays où l'on est né. Pour avoir une chance d'être apprécié, mieux vaudrait donc être étranger. Par les temps qui courent, il est permis d'en douter. Mais à l'origine le proverbe est évangélique, et le prophète en question n'est pas une métaphore. Après avoir commencé à opérer des miracles dans diverses villes de Galilée, Jésus revient à Nazareth, la ville où il a passé sa jeunesse, pour enseigner à la synagogue. Mais ses compatriotes, qui le connaissent comme le fils du charpentier, charpentier lui-même, ne peuvent pas voir en lui un prophète, encore moins le Messie. Devant leur incrédulité, Jésus comprend alors que « nul n'est prophète en sa patrie » (Luc 4, 24).

Comme M. Jourdain fait de la prose

L'expression est utilisée pour qualifier une action accomplie par une personne sans le savoir. Elle trouve son origine dans la pièce de Molière, *le Bourgeois gentilhomme*, qui met en scène un drapier caressant le beau rêve de devenir gentilhomme. Son maître de philosophie, à qui il a demandé de l'aider à rédiger un billet d'amour, est amené à lui expliquer ce qu'est la prose : « [...] et tout ce qui n'est point vers est prose. — Et comme l'on parle, qu'est-ce que c'est donc que cela ? questionne M. Jourdain. — De la prose. [...] — Par ma foi ! Il y a plus de quarante ans que je dis de la prose sans que je n'en susse rien ; et je vous suis le plus obligé du monde de m'avoir appris cela. » Molière, dans ce court échange, se moque tout autant de la naïveté de l'apprenti gentilhomme que d'une vaine érudition qui se complaît à vouloir tout nommer savamment.

À la Sainte-Luce, les jours croissent du saut d'une puce

Cette pauvre Luce, ou Lucie, vierge et martyre à Syracuse, eut la tête tranchée en 304 pour s'être refusée au mari qu'on lui imposait. Mais ce n'est pas pour sa chasteté exemplaire qu'elle fut ainsi associée au retour de la lumière. Dans le calendrier julien, le jour de sa fête tombait le 23 décembre, soit deux jours après le solstice d'hiver, quand les jours commencent à rallonger. La réforme grégorienne de 1582, qui supprimait dix jours du calendrier et ramenait la Sainte-Luce au 13 décembre, fut un coup dur pour le dicton. Mais la rime était si riche, et la figure de Luce si lumineuse – plus inspirante en tout cas que celle d'Armand, le saint qui l'a remplacée le 23 décembre – qu'il est resté dans la culture populaire, bien qu'il soit faux depuis plus de quatre siècles.

Le quart d'heure de Rabelais

Selon une vieille légende, Rabelais se trouva un jour retenu dans une auberge de Lyon faute d'argent. Il eut alors recours à un stratagème ingénieux : il laissa en évidence sur la table des petits paquets étiquetés « poison pour le roi », « poison pour la reine », « poison pour le Dauphin ». Effrayé, l'aubergiste le fit conduire sous bonne escorte jusqu'à Paris, où François Ier s'amusa beaucoup de la farce. L'anecdote, hautement invraisemblable, fut inventée sans doute pour pasticher la façon dont les personnages de Rabelais se tiraient de mauvais pas similaires. L'expression désigne depuis le moment embarrassant où il faut payer son dû (qui vous fait éventuellement « passer un mauvais quart d'heure »). À ne pas confondre avec le quart d'heure warholien et le « quart d'heure académique », ce temps de retard que l'on tolère d'un convive ou d'un professeur.

Ne pas y aller par quatre chemins

C'est aller droit au but, dire franchement ce que l'on veut ou ce que l'on pense, sans détour, sans faux-fuyant. Par leur nombre, ces chemins évoquent manifestement un carrefour, cette croisée métaphorique des voies où plusieurs directions s'offrent à nous.

En l'occurrence, pas question d'hésiter ou de tergiverser, il faut foncer, quitte à heurter. Le plus souvent en effet, lorsqu'on choisit de ne pas y aller par quatre chemins, ce n'est pas pour complaire à quelqu'un, c'est plutôt pour lui dire brutalement ses quatre vérités. Qu'elles soient quatre ne change rien au fait que ces vérités-là ne sont pas forcément bonnes à dire.

Tomber en quenouille

La quenouille, qui servait à filer, était autrefois le symbole par excellence du travail féminin. D'où l'expression *tomber en quenouille*, qui se disait de biens passant par succession entre les mains d'une femme.

Au XIVe siècle, les légistes français – qui n'étaient pas vraiment féministes – ont détourné la loi salique des Francs – qui ne l'étaient pas non plus – pour en faire une règle de succession au trône et éviter qu'une femme ne monte sur le trône et qu'ainsi le royaume de France ne tombe en quenouille.

La formule s'est plus tard étendue à ce qui tourne mal et se désagrège progressivement.

Accuser son chien de la rage

Qui veut noyer son chien l'accuse de la rage : ce proverbe, qui remonte au XIIIe siècle, est cité dans *les Femmes savantes* de Molière par la servante Martine, que sa maîtresse Philaminte vient de renvoyer pour avoir « offensé la grammaire ».

À la différence du chien que son maître accuse à tort, la faute ici a bien été commise, mais la sanction est disproportionnée.

Si cette « offense » ne peut plus constituer aujourd'hui un motif réel de licenciement, le proverbe reste d'actualité.

Il y aura toujours un chien prétendument (ou non) enragé pour justifier qu'on élimine, qu'on exclue, qu'on expulse, qu'on envahisse. Pour noyer le poisson en quelque sorte.

À bon chat bon rat

Le chat et le rat – ou la souris – constituent depuis toujours un couple de légende. Leur célèbre jeu (du chat et de la souris), où se rejoue à l'infini la dialectique chasseur/proie, maître/esclave, haine/passion, a alimenté nombre de contes, fables, bandes dessinées et dessins animés. Plus que la souris, le rat est – phonétiquement parlant – l'adversaire privilégié du chat : leur numéro de duettistes, qu'illustre la formule *À bon chat bon rat,* s'apparente autant à un combat (où l'attaquant trouve un adversaire à sa mesure) qu'à une joute d'esprit.

Boris Vian d'ailleurs ne s'y est pas trompé, qui proposait au Collège de pataphysique de partir du proverbe pour générer une infinité d'expressions. *À bon chien bon rien,* proposait-il pour commencer.

Aux grands maux les grands remèdes

Cet adage d'origine latine *(Extremis malis extrema remedia)* permet de justifier toutes les mesures particulièrement énergiques prises au nom d'un mal qu'on juge grave et dangereux. La question est de savoir qui pose le diagnostic : médecin ou charlatan ? « Qui veut noyer son chien l'accuse de la rage », dit le proverbe. Et même si la menace est réelle, il arrive que le remède soit pire que le mal, comme le rappelle un autre proverbe.

Et Montaigne d'ajouter, dans ses *Essais* (II, 6) : « Mieux vaut laisser son enfant morveux que de lui arracher le nez. » On en conclura que les proverbes, censés exprimer la sagesse populaire, disent parfois tout et son contraire et ne sont pas toujours d'une grande aide. Surtout quand il s'agit de choisir le bon remède.

Avant que ne se fanent les roses

« Cueillez dès aujourd'hui les roses de la vie » : ce vers est le dernier d'un *Sonnet pour Hélène* de Ronsard (1578). L'image est empruntée à Ausone, un poète latin du IVe siècle, qui s'est lui-même inspiré du *carpe diem* d'Horace : « cueille le jour », c'est-à-dire « profite de l'instant présent ». On retrouve ce thème épicurien dans un autre poème de Ronsard, la célèbre « Ode à Cassandre » (1550) : « Mignonne, allons voir si la rose [...] / Cueillez, cueillez votre jeunesse : / Comme à cette fleur la vieillesse / Fera ternir votre beauté. » Si la galanterie de Ronsard peut sembler un peu rude, ce n'est rien à côté de Corneille, dans ses *Stances à Marquise* : « Marquise si mon visage / A quelques traits un peu vieux / Souvenez-vous qu'à mon âge / Vous ne vaudrez guère mieux. » Georges Brassens a mis joliment en musique les ardeurs du barbon et le pied de nez de la jeunesse.

Payer rubis sur l'ongle

À l'origine, on disait *faire rubis sur l'ongle*. L'expression, qui date de 1640, signifiait « vider si complètement son verre [de vin] qu'en le renversant sur l'ongle il n'en tombe qu'une seule goutte, qui ne s'épanche pas et ressemble à un rubis ».

Du verre on est passé en 1685 à la bourse, qu'on vide complètement pour *payer rubis sur l'ongle*, c'est-à-dire intégralement et sur-le-champ. La pierre précieuse confère une certaine classe à l'acte en question, à la différence de l'expression quasi synonyme *payer cash*, plus triviale.

De la même façon, on notera qu'il est moins élégant de *faire cul sec* que de *faire rubis sur l'ongle*, même si la quantité d'alcool absorbé est équivalente.

Dieu ou ses saints ?

« Il vaut mieux avoir affaire à Dieu qu'à ses saints », dit le dicton populaire depuis la fin du XIVe siècle. Dans le monde tel qu'il est, s'adresser directement à un supérieur plutôt qu'à ses subalternes paraît en effet plus judicieux. Les réclamations, protestations ou autres requêtes ont sans doute plus de chances d'aboutir. C'est toutefois ne pas faire grand cas du rôle d'intercesseur que l'Église a dévolu aux saints à partir du IVe siècle : saints auxiliateurs qui exaucent les invocations des chrétiens, saints patrons qui protègent les divers corps de métiers, saints guérisseurs, sans compter tous les saints qui ont une mission particulière – saint Antoine chargé des objets perdus, saint Christophe des voyages, sainte Rita des cas désespérés… Et surtout, les saints sont plus faciles à joindre que Dieu. Pour peu qu'Il soit sur liste rouge.

Bon sang ne peut mentir

Ce bon sang-là n'a rien à voir avec celui dont on se paie une pinte quand on s'amuse beaucoup.

Ce n'est pas non plus celui qu'on utilise – parfois en le répétant – pour jurer sans blasphémer *(Bon sang de bon sang !)*.

Le sang du proverbe renvoie à la notion métaphorique d'hérédité, de filiation. Il y aurait donc du bon et du mauvais sang, du sang pur et du sang impur. Un sang qui peut mentir et un autre qui ne sait pas.

On préférera à ce déterminisme élitaire l'humanisme de Cervantès, qui fait dire à Don Quichotte : « Le sang s'hérite et la vertu s'acquiert, et la vertu vaut par elle seule ce que le sang ne peut valoir. »

Ne pas manquer de sel

Le sel jouait jadis un rôle de premier plan dans l'alimentation. S'il a toujours servi à relever le goût des aliments, il a longtemps été indispensable pour assurer leur conservation. Très tôt, le sel fit l'objet d'un commerce intense. Dans de nombreux pays, il avait valeur de monnaie d'échange. C'est avec une ration de sel (le *salarium*, qui a donné le mot « salaire ») qu'étaient rétribués les soldats romains. Parce qu'il préserve de la corruption, le sel symbolise l'inaltérabilité. Dans la Bible, Dieu contracte avec son peuple une « alliance de sel » éternelle. « Vous êtes le sel de la terre », dit Jésus à ses apôtres (Matthieu, V, 13) pour les exhorter à témoigner constamment de leur engagement chrétien et veiller à préserver leur foi contre tout affadissement. Mais le sel peut signifier aussi la désolation et la stérilité.

Monnaie de singe

À partir de son emploi propre, *singe* a développé toutes sortes de valeurs figurées liées aux caractères que l'on prête à l'animal : il a désigné au XVIe siècle un « imitateur », au XVIIe un « individu rusé et hypocrite », ou encore un « individu farceur », au XVIIIe, dans l'argot des ateliers, un « patron » (à partir de l'idée d'adresse). Apparue au XVIe siècle, la *monnaie de singe* correspond à une monnaie de dupe, qui n'a pas de valeur réelle. L'expression aurait pour origine un ancien droit accordé par Saint Louis aux montreurs de singes, qui les dispensait de payer le péage du Petit-Pont (reliant l'île de la Cité à la rue Saint-Jacques) s'ils faisaient exécuter quelques tours et grimaces à leur animal.

Sourd comme un pot

Pourquoi, de tous les objets inertes et donc dépourvus du sens de l'ouïe – à l'exception des murs qui, c'est bien connu, ont des oreilles –, est-ce le pot qui a été choisi comme parangon de l'extrême surdité ?

Certains ont pensé que l'expression était un raccourci de « sourd comme un pot à anses », les anses figurant les oreilles du pot dont on imagine bien qu'elles ne l'aident en rien à entendre. En ce cas, pourquoi ne pas dire « sourd comme une cruche » ou « comme un panier » ?

D'autres y ont vu une traduction approximative de l'anglais *as deaf as a post*, c'est-à-dire « sourd comme un poteau ». Mais si l'hypothèse est bonne, la question reste entière : pourquoi le poteau ?

Mieux vaut tard que jamais

Alors que la sagesse populaire a en général peu d'indulgence pour l'ajournement (« Il ne faut pas remettre au lendemain ce qu'on peut faire le jour même »), ce proverbe constitue une heureuse surprise : pragmatique et déculpabilisant, il laisse une planche de salut aux adeptes de la temporisation ou de la procrastination.

« Il n'est jamais trop tard pour bien faire », dit un autre proverbe quasi synonyme mais qui a le mérite d'expliciter le premier : ce sont bien évidemment les bonnes actions ou les bons gestes qu'il vaut mieux faire tard que jamais.

En revanche, on peut estimer que certaines choses ne doivent jamais être faites, ni tôt ni tard.

Qui sème le vent récolte la tempête

Ce proverbe, qui vient de la Bible (livre d'Osée, VIII, 7), s'adresse à l'origine au royaume d'Israël, qui sombre dans l'idolâtrie et la corruption, et dont Osée prophétise la chute sous les coups des Assyriens (721 av. J.-C.).

Si le catastrophisme de l'adage constitue une des raisons de son succès, il explique aussi pourquoi il a donné lieu à de nombreux détournements nettement plus légers, tels que « qui aime le vent joue de la trompette », ou « qui sème le vent récolte le tempo » (MC Solaar), ou encore, comme on dit chez les magiciens, « qui sème le vent est déjà d'un bon niveau ».

Le temps, c'est de l'argent

Ce célèbre aphorisme, parfaite illustration de l'esprit du capitalisme selon l'économiste allemand Max Weber, est une traduction de l'anglais *time is money*.

C'est un des constats que fait, dans son *Advice to a Young Tradesman* (1748), Benjamin Franklin, l'inventeur du paratonnerre, le rédacteur de la déclaration d'Indépendance des États-Unis en 1776.

André Breton songeait-il à cet adage lorsqu'il demanda que fût gravée sur sa tombe cette épitaphe : « Je cherche l'or du temps » ? On peut cependant penser que cet or-là a moins à voir avec l'argent de Benjamin Franklin qu'avec la pierre philosophale des alchimistes, dont le poète se sentait si proche.

Mieux vaut tenir que courir

Cette idée que le certain vaut mieux que l'incertain s'est développée depuis Ésope à toutes les époques, dans toutes les langues, et avec toutes sortes d'animaux. C'est La Fontaine, au XVIIe siècle, qui lui a donné sa forme définitive dans sa fable « le Petit Poisson et le Pêcheur » (V, 3) : « Un Tiens vaut, ce dit-on, mieux que deux Tu l'auras. » Au-delà de la dimension quasi paranoïaque de cette morale – ne nous fions pas aux promesses –, on peut émettre quelques réserves sur la valeur écologique de la fable, qui commence ainsi : « Petit poisson deviendra grand / Pourvu que Dieu lui prête vie. » Mais le pêcheur, qui n'est pas Dieu, refuse de faire grâce au pauvre carpillon et préfère le faire frire dans sa poêle plutôt que d'attendre qu'il devienne carpe. Aujourd'hui, ce pêcheur tomberait sous le coup de la loi qui protège les jeunes poissons.

La tête près du bonnet

Apparue au XVIe s., cette expression a eu plusieurs sens, mais un seul a perduré, sur lequel tout le monde s'accorde, malgré l'obscurité de la motivation initiale : *avoir la tête près du bonnet*, c'est être irascible, soupe au lait. Quel rapport avec le bonnet ?

Certains ont pensé que la tête couverte d'un bonnet s'échauffait plus facilement, alors que nu-tête on garde la tête froide, et tout son sang-froid. D'autres ont évoqué le bonnet qui coiffait le fou dans la représentation médiévale, la colère étant ainsi assimilée à un accès de démence.

Mais quelle que soit l'origine de l'expression, le philosophe allemand Hegel y voyait un trait spécifique des Français : *« Ils ont la tête près du bonnet »*, écrivait-il (en français dans le texte) dans sa *Philosophie de l'histoire*.

Trancher le nœud gordien

Selon la légende, un oracle avait déclaré aux Phrygiens qu'ils devaient proclamer roi le premier homme qui apparaîtrait sur un char attelé de bœufs. Ce fut Gordias, un simple paysan. En témoignage de reconnaissance, il fonda la ville de Gordion, offrit son char à Zeus et attacha le joug au timon par un nœud si complexe (le *nœud gordien*) qu'on prédit la domination de l'univers à celui qui saurait le défaire. Ayant appris la prophétie, Alexandre le Grand, au IVe siècle av. J.-C., trancha d'un coup d'épée le nœud qu'il ne parvenait pas à dénouer. Solution radicale qui, à défaut d'être authentique, a donné des idées à tous ceux que les jeux de patience exaspèrent. Mais, comme le rappelait Talleyrand dans ses *Mémoires*, « il ne faut pas trancher le nœud gordien qu'on peut dénouer ».

Se mettre sur son trente-et-un

Si le sens de l'expressi°n est connu (« être très bien vêtu »), son origine est incertaine. Les uns ont vu dans *trente-et-un* une altération de *trentain*, un drap de luxe dont la chaîne était faite de trente fois cent fils. On a également établi un lien avec le jeu de cartes du trente-et-un, où le joueur qui totalise trente-et-un points l'emporte. D'autres encore ont rattaché l'expression à une coutume prussienne qui voulait que les troupes reçussent un supplément de solde le trente-et-unième jour du mois, ce qui donnait lieu à des festivités particulières. On notera que, pour des raisons tout aussi mystérieuses, on dit avec le même sens *être sur son trente-six* au Québec, et, en Angleterre, *to be dressed up to the nines*, « être habillé jusqu'aux neuf ».

La peur au ventre

Plus qu'aucune autre émotion, la peur se manifeste par des symptômes qui affectent le corps tout entier, du moins sur le plan de la langue.

Avoir peur, c'est *avoir des sueurs froides*, ou *froid dans le dos, la chair de poule, les chocottes* (« les dents qui s'entrechoquent »), *les jambes comme du coton, le cœur qui bat la chamade, les cheveux qui se dressent sur la tête*. Mais ce sont surtout les viscères que la peur met à l'épreuve.

Si *avoir les foies* (d'abord les *foies blancs*) renvoie à la couleur rouge de cet organe qui, sous l'effet de la peur, pâlit et se décolore, la plupart des expressions familières ou argotiques mettent en exergue les propriétés laxatives de cette émotion : qu'on ait la *trouille* ou la *pétoche*, on souffre du même mal : la *peur au ventre*.

Prendre des vessies pour des lanternes

Celui qui confond les vessies et les lanternes – c'est-à-dire des objets très différents – manque pour le moins de discernement. L'erreur en réalité serait moins grossière qu'il n'y paraît, si l'on en croit une première explication : les vessies de porc, séchées et gonflées d'air, servaient autrefois de sac ou de récipient. On pouvait même y glisser une bougie, et les transformer ainsi en lanternes, sans doute plus économiques que les vraies. *Prendre des vessies pour des lanternes* consisterait en ce cas à confondre des choses qui se ressemblent mais qui ne se valent pas. Il existe toutefois une autre hypothèse : *vessie* et *lanterne* avaient autrefois des sens figurés très voisins, les *vessies* étant des choses sans valeur, les *lanternes* des propos futiles, des fadaises. Prendre les unes pour les autres revient donc à croire à une baliverne plutôt qu'à une autre. Le comble de la crédulité.

Liste des expressions françaises

9782035951205 / 04
Fabriqué par Éditions Larousse
21, rue du Montparnasse 75006 Paris France
LIVRES-LAROUSSE@larousse.fr
Imprimé en Espagne par Unigraf
Dépôt légal : mars 2018 - 320968/04
N° de projet : 11058512 - MARS-2025

PAPIER À BASE DE FIBRES CERTIFIÉES

LAROUSSE s'engage pour l'environnement en réduisant l'empreinte carbone de ses livres Celle de cet exemplaire est de :
200 g éq. CO_2
Rendez-vous sur www.larousse-durable.fr